Dietrich Volkmer

Worte und Wörter

Gedanken und Einfälle

Dietrich Volkmer

Worte und Wörter

Gedanken und Einfälle

Die Deutsche Nationalbibliothek verzeichnet diese
Publikation in der Deutschen Nationalbibliografie;
Deteaillierte bibligrafische Daten sind im Internet über
http://dnb.ddb.de
abrufbar

Text, Layout und Umschlaggestaltung
Dr. Dietrich Volkmer
www.literatur.drvolkmer.de

Internet-Seiten
www.drvolkmer.de
www.literatur.drvolkmer.de
www.privat.drvolkmer.de

Herstellung und Verlag
BoD Books on Demand
Norderstedt
Printed in Germany,

ISBN 9783753405988

Inhaltsverzeichnis

In eigener Sache: Ich habe keinen Lektor, der meine Bücher überprüft. Aber ich habe diesen Buch-Text viermal gründlich durchgesehen und überarbeitet. Sollte mir jedoch irgendein Fehler unterlaufen sein, so bitte ich um Ihre Nachsicht. Danke.

Vorwörter

Unsere deutsche Sprache ist eine wundervolle Form, sich auszudrücken und mit anderen in Kontakt zu treten. In all meinen bisher erschienenen Büchern habe ich mich weitgehend bemüht, der deutschen, meiner Sprache, treu zu bleiben, allerdings mit Rücksichtnahme auf unsere sprachlichen Wurzeln, die teilweise im Griechischen und im Lateinischen liegen.

Nach Möglichkeit habe ich Anglizismen umgangen bzw vermieden, mit denen heutzutage so viele hausieren gehen, weil sie glauben, damit fortschrittlich und modern zu sein.

Ich habe nicht Philologie oder Philosophie studiert, aber die Sprache und ihre Geschichte haben mich immer schon fasziniert.

Ein guter Freund fragte mich gleich, als ich ihm von meinem Plan erzählte: Sind nicht die Begriffe „Worte" und „Wörter" fast identisch? Die Frage ist berechtigt. Ich kann diese Frage nicht allzu logisch beantworten, sondern muss mehr auf das Gefühlsmäßige ausweichen.

„Worte" haben für mich ich einen ganz anderen Klang, sie haben einen anderen Gehalt, sie haben mehr Substanz, mehr Erinnerungswert, kurzum, sie stellen einfach mehr dar als „Wörter". Wörter schwirren zu Aber-Milliarden durch die Welt, wir werden damit von Radio und Fernsehen berieselt, aber nicht nur, wir sind manchmal auch Mitmenschen ausgeliefert, die unter einer Krankheit leiden, die ich als Logorrhoe bezeichnen möchte: Die mit Wörtern um sich „werfen", von denen sie glauben, es könnte ausser ihnen noch andere interessieren. Die sogenannten Gesprächsrunden im Fernsehen sind das beste Beispiel. Im Hessischen gibt es dafür den gern gebrauchten Ausdruck „schwätzen".

Worte haben meistens etwas Umfassenderes, etwas Bedeutsameres, etwas Prägendes, etwas Gestalterisches an sich.

Denken Sie an die Bergpredigt Jesu, um etwas Bedeutendes für unsere gesamte christliche Kultur anzuführen. Oder, wenn auch nicht zu unserer westlichen Kultur gehörend, die Worte des Großen Vorsitzenden Mao, die in einer roten kleinen „Bibel" eine frühere Pflichtlektüre für alle Chinesen waren.

Oder an das fast hellseherische Wort von John F. Kennedy, als er versprach, bis zum Ende des damaligen Dezenniums einen Mann zum Mond zu senden.

Ebenfalls von Kennedy stammt das in Deutschland unvergessene Wort „Ich bin ein Berliner" und wenn wir schon in Berlin sind: Auch Ronald Reagans Ausspruch „Mr.Gorbatschow, tear down this wall" hat sich uns dauerhaft eingeprägt.

Diese Worte hallen nach und werden immer wieder zitiert.

In unserer Zeit existiert noch das „Wort zum Sonntag" in verschiedenen Versionen, das leider häufig überhört wird.

Sicher wird der eine oder andere einwenden, Worte bestehen auch aus Wörtern, sicher, aber in ihrer gehaltvollen, manchmal geballten Gesamtheit werden sie zum „Wort".

Das griechische Wort „Logos" scheint ein wenig mehr Gehalt zu haben als das deutsche Wort. Ich denke dabei an die ersten Worte des Johannes-Evangeliums, das im Griechischen in den ersten Zeilen dieses Wort anführt. Daraus haben sich viele deutsche Wörter abgeleitet wie logisch, Logik, Logopädie, etc.

Um den Reichtum der Sprache zu verdeutlichen oder farbig darzustellen, möchte ich einige mir umfassend scheinende Begriffe in den Vordergrund stellen, sie gleichermaßen in einem Schaufenster platzieren, ja, noch präziser, ihnen die Form einer unbekleideten Schaufenster-Puppe geben, um sie zu bekleiden. Um noch genauer zu sein: Es soll eine weibliche Puppe sein, als Konzession an die Weiblichkeit (nicht an die Feministinnen!), denn man kann sie mit mehr, vor allem farbigeren Möglichkeiten ausstaffieren. Wobei das letzte Wort mehr symbolisch zu verstehen ist.

Um beim Schaufenster-Beispiel zu bleiben: Es ist nicht allzu gross, hat nicht so viel Platz für allzu viele Puppen, aber den wenigen möchte ich mich darum um so intensiver widmen.

Dieses Buch hat also keinen romanhaften Charakter wie es meine Bücher über die Schöne Helena waren oder die Geschichte der ägyptischen Pharaonin Hatschepsut. Es ist mehr eine Sammlung von einzelnen Wörtern, von denen viele auf den ersten Blick wenig attraktiv scheinen und einfach klingen.

Je mehr man sich jedoch mit ihnen befasst, sie sich gleichermaßen langsam auf der Zunge zergehen lässt, desto mehr Leben und Inhalt kann man ihnen zubilligen. Fast möchte ich es ein verbales Potpoürri nennen, auch wenn es nur vier Wörter sind.

Aber nicht immer ist die Masse entscheidend.

Die Geschichte von Sprache und Schrift

In unserer Zeit der so vielfältigen Kommunikationsmöglichkeiten machen sich nur wenige, um nicht zu sagen sehr wenige, Gedanken, wie alles entstanden ist.

Wer ständig sein Smartphone oder sein Tablet um sich herum und vor sich liegen lässt, aus Furcht, er könnte etwas verpassen oder es könnte ihm etwas entgehen, wird sich kaum die Mühe machen, auf die Wurzeln oder Quellen seiner Möglichkeiten des Miteinanders zurückzugehen. Warum auch, wird er sagen! Ich lebe im Hier und Jetzt, was geht mich das Vorher an, das doch Tausende oder gar Millionen Jahre zurückliegt.

Dabei ist Sprache einer der wichtigsten kulturellen Faktoren der menschlichen Evolution.

Erstaunlicherweise antwortete Elon Musk, inzwischen weltweit bekannt für seine technischen Glanzleistungen und zukunftsweisenden Ideen, in einem Interview in der „Welt am Sonntag" auf die Frage, was für ihn die wichtigste Erfindung sei, mit „Die Sprache".

Nun, so ganz korrekt ist die Aussage nicht, denn Sprache hat sich entwickelt und wurde nicht erfunden, aber jeder wird sicher verstehen, was er damit ausdrücken will. Es handelt sich ja um eine Übersetzung.

Noch eine Antwort von ihm zum Thema Kommunikation: „Wenn ich mir die Leute mit ihrem Handy so anschaue, frage ich mich ehrlich gesagt jetzt schon, wer hier Herr über wen ist." Weiter sagt er: „Wir denken, wir seien im Besitz unseres Handys, sollten uns aber eher fragen, ob das Handy nicht vielmehr uns in Besitz genommen hat."

So weit einige Zitate, die im Zeitalter der bevorstehenden Verbreitung der Künstlichen Intelligenz und 5G nachdenklich machen sollten.

Niemand kann genau sagen, wann die Sprache entstanden ist. Ich kann daher nur vorsichtig versuchen, aus meiner Perspektive diesen Vorgang nachzuempfinden. Auf jeden Fall ist sie ein Begleitphänomen des lange währenden Übergangs des Affenmenschen zum Menschenaffen (wie es Peter Bamm in seinem Buch „Adam und der Affe" beschreibt, das ich übrigens jedem Leser aufs Wärmste ans Herz legen möchte). Das war kein sprunghafter Prozess, die Evolution liess sich zum Ärger der Forscher viel

Zeit.

Es mag sein, dass ausgefuchste Sprachwissenschaftler die nachfolgenden Passagen anders sehen. Ich nehme mir jedoch die Freiheit, es aus meiner Sichtweise zu betrachten.

Aus Grunz- oder Bell-Lauten wurden strukturiertere silbenförmige Laut-Gebilde, mit denen die Vor-Menschen miteinander kommunizierten, stritten oder gar kämpften.

An eine Schrift in unserem Sinn war überhaupt noch nicht zu denken.

Phantasievolle Ur-Bewohner nutzten die freie Zeit, die ihnen bei der ständigen Suche nach Essbarem blieb, um ihre Wunschbilder, meistens in Form von Tieren, in Sand oder auf Felsen zu malen, wie wir es von Felszeichnungen aus Namibia, den Höhlen von Lascaux oder aus Australien kennen.

Mit etwas Grosszügigkeit könnte man diese Zeichnungen als archaische Vorläufer der Schrift ansehen, denn wir wissen nicht, ob diese Menschen vielleicht schon ein Wort für diese für sie lebenswichtigen Tiere hatten. Eventuell waren diese Bilder aber auch Teil von rituellen Prozeduren im Hinblick auf Jagderfolg und Nahrungssuche.

Die ersten Sprachversuche, die sich aus der Archaik herausschälten, waren sicher kurze Hinweise, Befehle, Warnungen, Bedrohlichkeiten. Eine Art archaische Sprach-Stenografie.

Sie könnten dem Zusammenhalt von kleinen Gruppen gedient haben, die sich in ihrer Noch-Nicht-Sesshaftigkeit bewährten.

Vieles, das ich jetzt anführe, mag falsch sein, aber es gibt niemanden, der authentisch dabei war, es gibt also weder mündliche noch schriftliche Zeugnisse und daher hilft einem so manches Mal nur die Phantasie ein wenig weiter.

Ich kann mir vorstellen, dass es für diese Ur-Menschen zwei wichtige Aspekte gegeben haben mag, die für ihre Sprach-Entwicklung von Bedeutung waren.

Zum einen die lebenswichtige Nahrungssuche. Daraus resultierten vielleicht Hinweise für die anderen, wenn einer der Gruppe etwas gefunden oder erlegt hatte.

Der zweite Entwicklungsfaktor war die Notwendigkeit der Sicherheit und des Überlebens. Warnrufe für die anderen vor feindlichen Gruppen oder wilden Tieren können dabei eine wichtige Rolle gespielt haben.

Eine Art Gebärdensprache könnte so etwas wie eine Unterstützung der Ausdrucksformen existiert haben.

Niemand kann nachempfinden, wann aus einzelnen Lauten ganze, einzelne Wörter wurden, mit denen der Ur-Mensch sich verständlich machen wollte. Ein Prozess, der sicher Hunderte bis Tausende von Jahren gedauert haben könnte. Es war weiterhin eine Entwicklung, die man nicht beschleunigen konnte. Zudem muss man bedenken, dass die Lebenszeit des einzelnen Individuums noch sehr kurz war. Die Menschen wurden kaum älter als dreissig oder gar vierzig Jahre. Auf diese Zeit war das Erfahrung-Sammeln beschränkt und damit die Weitergabe an die Folgegeneration..

Die ersten Wörter, die damals entstanden, hatten mit Sicherheit etwas mit Lebensnotwendigem zu tun. Es waren wohl in erster Linie Wörter für Nahrung, Waffen, Unterkunft, Tiere, vielleicht noch für das Wetter.

Diejenigen, die die Felsengraffitti erstellten, gehörten schon zu den Vorläufern der Künstlergilde, also kann man sie als prähistorische Künstler bezeichnen. Ob aus der Not heraus oder aus freien Stücken sei dahingestellt.

Der Übergang von einzelnen Silben zu zusammengesetzten Wörtern war sicher ein sich langsam dahin ziehender Prozess. Die Evolution schien sich auch dabei Zeit zu lassen. Diejenigen, die dazu übergingen, längere Silbenkombinationen zu verwenden, stellten wohl fest, dass die Kommunikation und die gegenseitige Verständigung sich erheblich erleichterten und verbesserten.

Verbesserungen werden in der Regel, aber nicht immer, von anderen übernommen und so entwickelten sich diese neuen Erkenntnisse in einem bestimmten Umkreis weiter.

Die Wissenschaft befasst sich gern mit einer großen Frage: Gab es früher einmal so etwas wie eine Ur-Sprache?

Man muss wohl annehmen, dass sich die ersten Menschen nicht stationär in einem einzigen Gebiet aufhielten, sondern sich trennten und in andere Gegenden aufbrachen.

Geografische Trennung bedeutet aber auch getrennte Entwicklung.

Es ist daher kaum anzunehmen, dass bei allen auseinanderdriftenden

Gruppen oder Stämmen eine einheitliche Entwicklung stattfand.

Demzufolge muss man weiter annehmen, dass die einzelnen Sprachen eine getrennte Entwicklung erfuhren, um so ausgeprägter, je weiter einzelne Gruppen rein zeitmäßig als auch geographisch sich von einer hypothetischen Ursprungsgruppe, wo immer diese gewesen sein mag, entfernten.

Am leichtesten, so möchte es einmal vordergründig formulieren, macht es sich die Bibel (Genesis) in der Geschichte vom Turmbau zu Babel.

„Es hatte aber alle Welt einerlei Zunge und Sprache."

Weiter geht es dann:

„Sie sprachen: Wohlauf, lasst uns eine Stadt und einen Turm bauen, dessen Spitze bis an den Himmel reiche, dass wir uns einen Namen machen, denn wir werden sonst zerstreut in alle Länder."

Der Herr schaute sich den Bau an und vermutet, dass sie nicht aufhören werden, dem Himmel nahe zu kommen, Daher lässt er ihre Sprache verwirren, „dass keiner des anderen Sprache verstehe." Und er zerstreute sie in alle Länder.

Soweit zur biblischen Entstehungsgeschichte der sprachlichen Vielfalt unserer Welt.

Ein weiterer, gar nicht hoch genug einzuschätzender Sprung in der Evolution des Menschen ist die Entstehung der Schrift.

Die Schrift gibt uns die Möglichkeit, das gesprochene Wort sowie gesprochene Wörter festzuhalten. Wissen und Information können unabhängig von der Person, die dies geäussert hat, weiter bestehen. Mit mündlicher Überlieferung ist das nur schwer zu bewerkstelligen, ohne dass ein Informationsverlust oder Veränderungen auftreten.

Die ersten zaghaften Versuche von schriftlicher Fixation traten sicher im Zusammenhang mit Zahlen auf: Striche ersetzten die Zahlen.

Der weitere Verlauf ist nur sehr schwer nachvollziehbar.

Ob die Schrift zum erstenmal im Bereich der Sumerer oder im Alten Ägypten verwirklicht wurde, ist nicht genau bekannt.

Am besten kann man die Entwicklung in Ägypten nachvollziehen.

Dort entstand die Schrift aus einer naturbedingten Notwendigkeit heraus.

Die Lebensader des Landes, der Nil, trat in der Regel einmal im Jahr über die Ufer, die sogenannte Nil-Schwemme. Dabei wurden die Felder der Bauern überflutet (und zugleich mit Schlamm gedüngt). Wenn dann der Nil wieder in sein altes Bett zurückkehrte, galt es die einzelnen Felder wieder den rechtmäßigen Besitzern im alten Ausmaß zurückzugeben, um Streit zu vermeiden. Das musste man ausmessen und schriftlich fixieren. So entstand in Ägypten um das Jahr 3000 v.Chr. herum die Kaste der Schreiber, eine Art alt-ägyptischer Beamter, ein Kataster-Beamter also.

Eines der Zeugnisse aus dieser Zeit ist die sog. Narmer-Plakette.

Sie enthält in bildhafter Form den Sieg des Pharaos Narmer über Unterägypten. Damit gelang ihm die Einheit der beiden Völker, die an der Lebensader Nil lebten, zu einem neuen Staatsgebilde..

Man sieht auf der einen Seite unter anderem die abgeschlagenen Köpfe der besiegten Feinde. Einige Wörter weisen auf den Erfolg Narmers hin. Mit ihm begann die Entwicklung einer der reichhaltigsten und lang andauerndsten Kulturen dieser Erde.

Die ersten Schriftzeichen waren sicher symbolhaft angedeutete Übertragungen der Form oder der Struktur des Abzubildenden. Ein Haus war sicher ein Viereck, ein Fluss eine Welle. Vogel und Fisch boten sich ebenfalls an.

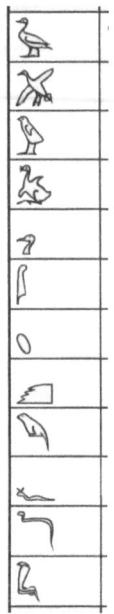

Man muss sich das einmal in aller Ruhe vorstellen. Ein gesprochenes Wort erhielt ein Pendant auf Lehm, Stein oder Papyrus. Und umgekehrt: Aus einem Bild oder Schriftzeichen konnte man lautmalerisch ein gesprochenes Wort entnehmen.

Das ist ein ungeheurer Sprung in der Entwicklung!

Die altägyptischen Hieroglyphen wurden später nur noch für religiöse Zwecke verwendet. Und da der Pharao wie ein Gott herrschte und auch so empfunden wurde, wurden im Zusammenhang mit ihm die Hieroglyphen verwendet. Das Wort stammt aus dem Griechischen und bedeutet so viel wie „Heilige Zeichen".

Da für den profanen Bereich diese Zeichen zu umständlich waren, entwickelte man eine leichter zu schreibende Schrift: Das Hieratische und das Demotische.

Kurz sei noch die Keilschrift des Zweistromlandes erwähnt. Es ist eine Silbenschrift, die mit einem keilartigen Schriftwerkzeug in weichen Lehm oder Ton eingedrückt wird und danach gebrannt wurde.

Die Schreiber der späteren Pharaonen benutzten sie beim Schriftverkehr mit den Herrschern vom Euphrat und Tigris.

Die wesentlich später auftretenden Phönizier sind im Grunde so etwas wie die Ahnen unserer jetzigen Schrift. Die Griechen übernahmen sie, erweiterten sie aber um einen genialen Zusatz: Sie fügten zum einen die Vokale hinzu und begannen ihren Schriftbeginn auf der linken Seite, wie es noch heute bei uns üblich ist.

Nunmehr liessen sich Wörter durch die Vokalangaben viel leichter aussprechen und man musste nicht ständig überlegen, wie das Wort genau auszusprechen war, es sei denn man konnte aus Erfahrung aus dem Zusammenhang heraus die Vokale einfügen.

Die hebräische Schrift weist abgesehen vom ersten Buchstaben Aleph ebenfalls keine Vokale auf. Bei der arabischen Schrift ist es ähnlich. Heute behilft man sich durch Zusatzzeichen.

Aus der griechischen Schrift entstand die römisch-lateinische Schrift, die wiederum bei unserer westlich-europäischen Schrift „Pate" stand.

Wie die altgermanische Runen-Schrift entstand ist mir leider nicht bekannt.

War das Lesen überhaupt früher nur einer gebildeten Schicht wie Priestern und Beamten möglich, da das Verfassen und die Herstellung von Büchern sehr aufwändig und teuer war, trat eine entscheidende Veränderung ein durch die Entwicklung der Buchdruckkunst durch Johannes Gutenberg. Schriftliche Information war nunmehr auch breiteren Bevölkerungsschichten möglich, wenn sie des Lesens und Schreibens mächtig waren.

Es gibt so viele Schriften auf der Welt. Ich möchte jedoch noch auf eine ungewöhnliche Schrift, weit ab von unserer Kultur, das Augenmerk richten: Die Schriftzeichen auf der Osterinsel.

RongoSchrift der Osterinsel

Es ist die einzige Schrift, die sich im Gebiet des Pazifiks im polynesischen Sprachraum entwickelt hat. Diese Schrift mit Namen RongoRongo ziert noch viele alte Kultgegenstände, ja sogar der Pfarrer der Insel, mit dem wir ein kurzes Gespräch nach dem Gottesdienst führten, trägt diese Zeichen auf seiner weissen Soutane.

Leider ist das Wissen um diese Schrift bei den Einwohnern der Insel verloren gegangen, zu heftig und zu tragisch waren die Schicksalsschläge, die die ursprüngliche Bevölkerung über sich ergehen lassen musste.

Wenn es nur ums nackte Überleben geht bleibt die Kultur auf der Strecke.

Die folgenden Seiten enthalten nunmehr, wie ich es bereits angedeutet habe, einige Wörter, die von einer weiteren Familie von zugehörigen Wörtern bekleidet werden, wie vorhin angegeben. Sie sollen ausgeschmückt werden, zugleich soll ihnen eine andere, zum Teil ganz fremdartige Farbe verliehen werden.

Heim

Es ist gar schön, an einem Orte fremd zu sein und
doch so notwendig, eine Heimat zu haben.
Goethe an Charlotte von Stein, 29.12.1782

Durch Sagen und Wiedersagen wird ein Geheimnis
durch die ganze Stadt getragen.
Spanisches Sprichwort

Heim

Am Anfang ein ganz einfaches Wort, es drückt so viel wie Sicherheit und Geborgenheit aus. Es ist in der Regel der Ausgangspunkt für den Start ins Leben und für die persönliche Entwicklung. Es klingt einfach wärmer oder emotionaler als Wohnung oder Haus. Viele andere deutsche Wörter tragen daher dieses Wort in neuen Kompositionen.

Heimat

Im Grunde ist dieses Wort eine Erweiterung oder Verfeinerung des Wortes „Heim". Es ist die Region, die den Menschen sprachlich und kulturell geprägt hat.

Das Wort hat zugleich einen emotionalen Beigeschmack, weil es so etwas ausdrückt wie Sicherheit, Aufgehobenheit, Verwandtschaft, eventuell noch Elternhaus. Oder eine sichere und bekannte Umgebung, man findet sich zurecht, in der Nachbarschaft oder von der Schule her kennt man die Menschen, man ist mit ihren Stärken und Schwächen vertraut. Ja, man redet auch mal mit und über die Nachbarn, nicht immer positiv, und man macht sich Gedanken über ihr So-Sein

Die Französin Francoise Hardy besingt dieses Theman so schön in ihrem gefühlvoll-sentimentalen Chanson „La maison ou je grandis".

Heimatkunde

Dieses Wort habe ich bewusst in dieses Kapitel eingefügt, denn es erinnert mich an meine Kindheit und Schulzeit. Damals war in der Grundschule Heimatkunde ein Pflichtfach. Man lernte die nähere Umgebung kennen, die Namen der Wälder und der einzelnen Flurgebiete waren einem geläufig sowie auch die Bäche und Seen. Man hatte einen ganz anderen Bezug zu seiner engeren Heimat. Immer dann, wenn ein Verwandtenbesuch in der alten Heimat im Norden Deutschlands anstand, bin ich wieder auf alt vertrauten Wegen unterwegs gewesen. Und dann gab es in der Schule noch ein Fach, das heute in seiner Art am Proteststurm der Grünen scheitern würde. Wir mussten Pflanzen und Blumen sammeln und zogen dann auf der Suche nach den Pflanzen, die man in Bücher ein presste, durch die Feldmark. Man traf dann dabei auf andere Klassenkameraden, wobei man sich gegenseitig Tipps gab über bestimmte Wachstumsplätze.

Heutzutage hat man das Gefühl, als ob solche Kenntnisse vor Ort nicht mehr nötig sind. Leider, möchte man fast sagen! Computer, Wikipedia und Google Maps haben das Fach Heimatkunde verdrängt.

Heimweh

Ein klanglich schönes Wort. Es drückt ein wenig Leid aus, eine leicht traurige Untermalung. Man ist in der Ferne (heute sind die Menschen in ihrer Reiselust unübertroffen), musste sich mit fremden Gebräuchen, unbekannten Menschen, anderen Sprachen etc auseinandersetzen, die den Menschen in seiner Bequemlichkeit etwas irritierten, so dass in ihm der Wunsch entsteht, eigentlich lieber in seiner gewohnten Umgebung zu sein. Das gilt nicht für alle Menschen. Es ist durchaus nachvollziehbar, dass so mancher Mensch sich in der Fremde durchaus wohl oder wohler fühlt, sich adaptiert und die Herausforderungen als Reiz oder Entwicklung annimmt.

Wie eben beschrieben: Das deutsche Wort „Heimweh" kann man nur schwer variieren. „Heim-Schmerz" klingt einfach zu grob, dieser Kombination fehlt einfach die feine oder subtile, gefühlsmäßige Komponente. Es ist so, als würde man mit der Faust auf den Tisch schlagen. Heimweh ist einfach die poetischste Variation.

Das Wort „Heim-Weh" kann man in seiner Feinheit nicht in fremde Sprachen übertragen. Im Italienischen heisst es lapidar nostalgia, im Französischen nostalgie, im Griechischen νοσταλγια. Das Englische überrascht uns mit „to be homesick" – ein wenig klangvolles Wort, zumindest für deutsche Ohren.

Das Wort Nostalgie hat im Großen und Ganzen einen etwas sehnsüchtigen Beigeschmack nach verflossener Zeit. Fast nach dem Motto „früher war alles besser". Darunter kann man also alles verstehen, das in der Vergangenheit einen Bezug zu einer Person gehabt hat und an das man sich mit einem Tupfer Wehmut gern zurück erinnert.

Wie es in anderen Sprachen aussieht, vermag ich nicht zu sagen.

Wenn ich jetzt, also etwas sprachlich-nationalistisch, dieses Kapitel abschliessen darf, dann muss ich sagen: Dieses deutsche Wort beinhaltet einfach mehr als in anderen Sprachen möglich, es mögen Seufzer sein, Tränen können geflossen sein oder gar Unwohlsein in der Fremde.

Heim-wärts

Darin spiegelt sich der Drang, sich aufzumachen in vertraute Gefilde, in denen man sich auskennt und sich wohlfühlt und wo man von Familien-Angehörigen, Freunden und Bekannten erwartet wird.

Heimlich

Der Mensch versucht etwas vor anderen zu verbergen. Entweder als Schutz vor Bedrohungen, Anfeindungen oder lapidar, weil es Vorteile für ihn selbst verspricht, sei es materieller Art oder sozialer Art.

Insgeheim

Eine Tätigkeit, die für andere nicht einsehbar ist

Heim-Tücke

Diese Kombination passt im Grunde nicht in diese Sammlung der Wörter. Es hat einen negativen Beigeschmack.

Ver-heimlichen

Ein Mensch hat etwas gefunden, gekauft oder entdeckt und findet es auf seine Weise bemerkenswert, wertvoll oder einmalig und möchte es auf keinen Fall mit anderen teilen. Dann versteckt er es, wenn es etwas Materielles ist, oder er behält es, wenn es sich um eine Information oder einen wertvollen Hinweis handelt, einfach für sich. Eine gewisse Portion Egoismus dürfte schon hineinspielen.

Un-heimlich

Nimmt man es ganz einfach: Da existiert etwas, das nicht zum Heim gehört und so etwas wie Unbehagen oder Furcht auslöst.

Man weiss nicht genau, was es eigentlich ist und was sich dahinter verbirgt, aber dieses Etwas stört das Wohlbefinden auf eine nur schwer zu beschreibende Art. Es beunruhigt einfach.Man denke an Filme von Hitchcock wie zB *Psycho*.

Geheimnis

Es ist ein Wort, das aufhorchen und neugierig werden lässt. Man möchte doch ergründen, was sich dahinter verbirgt, was sich uns entzieht. Der Mensch, zumindest, wenn er gebildet ist, möchte doch dieses Geheimnis lüften.

Im Deutschen beinhaltet dieses Wort eine Art von Schleier, von Nebel, den man offensichtlich durchdringen muss, um Licht in das Dahinterliegende einstrahlen zu lassen, wenn es sich denn überhaupt durchdringen und beleuchten lassen will.

Im Englischen stossen wir auf das Wort secret – jeder, sich im Medizinischen etwas auskennt, wird es mit dem deutschen Wort Sekret verbinden, das sind physiologisiche und pathologische Körperabsonderungen. Nun, ganz so abwegig ist es auch nicht, denn es gilt diese Absonderungen, diese Sekrete, zu überprüfen und für diagnostische und therapeutische Zwecke zu interpretieren.

Ein ähnliches Wort ist Rätsel, obwohl es sich deutlich vom Wort „Geheimnis" unterscheidet. Beim Wort Rätsel denkt man impulsiv auf diese viereckigen Kästchen, die uns als Kreuzworträtsel in den Zeitschriften zur Lösung auffordern.

Doch es gibt auch Rätsel, die schon den Charakter von Geheimnissen in sich tragen, denn es erscheint fraglich oder fast unmöglich, das wir sie lösen werden.

Da es für meine Begriffe wichtige Aspekte zu diesem Thema sind, möchte ich etwas ausführlicher darauf eingehen.

Diese Informationen verdanke ich den Büchern von Hans Werner Woltersdorf, speziell seinem letzten Buch, das er mir bei einem Besuch bei ihm geschenkt hat: „Die Lösung der Sieben Welträtsel"

Am 8.Juli 1880 hielt Emil Dubois (1818 – 1896), Physiologe und Philosoph, in einer Sitzung der Akademie der Wissenschaften eine bedeutende Rede, die als Ignorabimus-Rede in die Kulturgeschichte eingegangen ist. Also nicht „Ignoramus – Wir wissen es nicht" sondern „Ignorabimus –Wir werden es nie wissen".

In dieser Rede stellte er sieben Welträtsel auf, die er für unlösbar erklärte. Es waren dies:

1. Das Wesen von Kraft und Materie
2. Der Ursprung der Bewegung
3. Die Sinnesempfindungen
4. Die Willensfreiheit
5. Die Entstehung des Lebens
6. Der Zweck der Natur
7. Denken und Sprache

So spontan möchte man sagen: Das sind doch Aussagen, denen man mit den Mitteln von Physik und Chemie nahe kommen kann, oder wenn man es noch etwas zeitgemässer ausdrücken will, mit der Bio-Physik und der Bio-Chemie. Von der Möglichkeit eines Geist-Prinzips, das alles durchdringt, machte man, auch von Seiten der Philosophie her, keinen Gebrauch.

Macht man sich jedoch die Mühe, all diese Fragen bis ins kleinste und letzte Detail zu hinterfragen, stösst man an eine Grenze, die sich wie eine undurchdringliche Mauer vor dem Fragenden auftut.

Allein zum zweiten Punkt ergeben sich viele Fragen: Warum dreht die Erde sich? Warum kreist sie schon so lange um die Sonne? Wieso drehen sich die Nukleonen, das sind die „Bausteine" des Atoms, mit so ungeheurer Geschwindigkeit.?

Dort beginnen die Geheimnisse.

Heim-Suchung

So auf die Schnelle und kurz angedacht, könnte man meinen, dieses Wort sei nichts weiter als die Suche nach einem oder seinem Heim.

Aber es steckt viel mehr dahinter.

Es stellt eine Art Verlockung dar, wenn man auf bestimmte Reize oder Angebote eingeht, dann könnte das von Vorteil sein.

Von der ersten Heimsuchung lesen wir in der Bibel. Daselbst auch als „Sündenfall" deklariert.

Die listige Schlange fragt Eva, warum sie nicht von allen Früchten der

Bäume im Garten essen.

Da sprach das Weib zu der Schlange „Wir essen von den Früchten der

Franz von Stuck (1863 - 1928)   Lucas Cranach d.Ä (1472-1553)

Bäume im Garten, aber von den Früchten des Baumes mitten im Garten hat Gott gesagt: Esset nicht davon, rühret sie auch nicht an, dass ihr nicht sterbet!"

Da sprach die Schlange zum Weibe: „Ihr werdet keineswegs des Todes sterben, sondern Gott weiss, an dem Tage, da ihr davon esset, werden eure Augen aufgetan und ihr werdet sein wie Gott und wissen, was gut und böse ist."

Und das Weib sah, dass von dem Baum gut zu essen wäre und dass es eine Lust für die Augen wäre und verlockend, weil es klug machte. Und sie nahm von der Frucht und aß und gab ihrem Mann, der bei ihr war auch davon, und er aß.

Nun, wir kennen die Fortsetzung der Geschichte. Die ersten Menschen mussten das Paradies verlassen und wurden sterblich. So sind wir alle jetzt die „Opfer" der ersten Heimsuchung.

Eine weitere Versuchung finden wir im Neuen Testament (Matthäus 4).

Da wurde Jesus vom Geist in die Wüste geführt, damit er von dem Teufel versucht würde. Und da er vierzig Tage und vierzig Nächte gefastet hatte, hungerte ihn.

Juan de Flandes

Und der Versucher trat zu ihm und sprach: „Bist du Gottes Sohn, so sprich, dass diese Steine Brot werden."

Er aber sprach „Es steht geschrieben: Der Mensch lebt nicht vom Brot allein, sondern von einem jeden Wort, das aus dem Mund Gottes geht."

Auch den nächsten beiden Heimsuchungen durch den Teufel widersteht Jesus jeweils.

Oft werden Menschen heim-gesucht bzw in Versuchung geführt. Es ist immer für die persönliche Entwicklung positiv zu sehen, wenn es gelingt, der Versuchung zu widerstehen, auch wenn es nicht immer leicht ist.

Es lohnt sich immer wieder, in diesem Zusammenhang sich den Faust I von Goethe noch einmal zu vergegenwärtigen.

Zeit

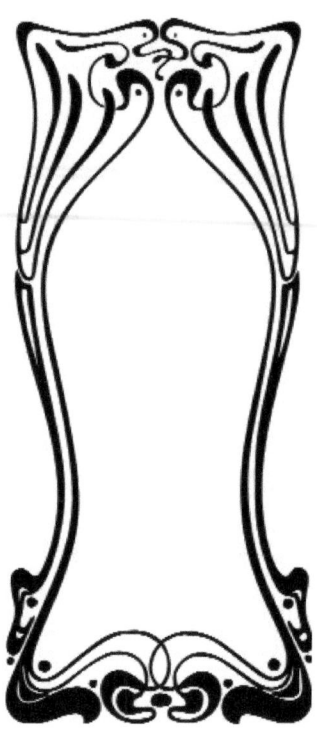

Es ist nicht wenig Zeit, was wir haben, sondern es ist viel Zeit, was wir nicht nutzen.

Seneca, Abhandlungen

Die zwei größten Tyrannen der Erde: Der Zufall und die Zeit
Joh. Gottfried von Herder

Zum Denken stets bereit, zum Handeln nimm dir Zeit
Alte Bauernweisheit

Zeit

Ich habe zwar vor kurzer Zeit ein Buch über das Thema Zeit geschrieben, aber da der Titel „Gefangene der Zeit" lautet, konnte ich verschiedene Spielarten des Wortes „Zeit" in dem Buch nicht unterbringen, da sie inhaltsmäßig dort weniger geeignet am Platze waren.

Dabei kommt das Wort „Zeit" als Beiwerk, oder wie man es immer bezeichnen mag, in so vielen Wörtern vor.

Machen wir uns also mal auf die Suche.

Fündig wird man schon mal in der Fundgrube deutscher Zitate, in Goethes „Faust".

So spricht Mephistopheles zu einem Schüler:
"Gebraucht der Zeit, sie geht so schnell von hinnen
Doch Ordnung lehrt euch Zeit gewinnen!"

Zeitung

Es handelt sich um ein Publikationsorgan, das uns in schriftlicher und bildhafter Form Informationen über Geschehnisse im Aussen geben will, möglichst zeitnah. Durch diese Zeitnähe oder Aktualität unterscheidet sich das Prinzip Zeitung von Wochenblättern und Illustrierten.

Die Möglichkeit der Ausführlichkeit unterscheidet die Zeitung ein wenig vom Fernschcn, das natürlich aktueller sein kann.

War es früher ein Plus für die Zeitung, überall gelesen werden zu können, hat sie jetzt Konkurrenz durch Smartphone, Tablet und tragbare Rechner bekommen.

Jahreszeiten

Sie machen unsere Welt so farbig. Je weiter man vom Äquator entfernt lebt und sich nicht in den Polarregionen aufhalten muss, desto ausgeprägter verspürt man dieses Ereignis, das so ganz unromantisch durch die Schräglage der Erdachse hervorgerufen wird.

Der Frühling, der die Jugend des Jahres verkörpert, den Aufbruch, das Blühen und Wachsen. Der Sommer mit seiner Wärme und Ausgelassenheit. Der Herbst mit der Verfärbung der Blätter, die das Auge zwar beglücken, aber zugleich doch eine Art Vorankündigung auf das kommende Alter darstellen. Der Winter mit seiner Kälte und Schneeigkeit, dem temporären Absterben der Natur.

Zeitalter

Der Mensch benötigt für seine geschichtlichen Einblicke eine gewisse Strukturierung. Oft werden die Namen für diese einzelnen Zeitabschnitte diesen erst in Form einer Retrospektive vergeben. Denn den „Bewohnern" eines Zeitalters fehlt noch die Übersicht, sie wissen nicht wie lange so eine Zeit dauert und vor allem, durch was sich diese Episode besonders ausgezeichnet hat, der sie diesen Namen verdient.

Eiszeit

Dieses Wort bezeichnet nicht nur ein geologisches Phänomen. Primär sind es die mit Eis bedeckten gemässigten Zonen, die dadurch in so etwas wie einen Winterschlaf fielen. Auch in zwischenmenschlichen Beziehungen wie beispielsweise in einer desolaten Ehe kann sich so etwas wie eine Eiszeit ausbilden, in der jeder der Partner in einer kommunikativ- kühlen, frostigen Starre verharrt.

Gezeiten

Nur wer an den Küsten der Meere lebt, kennt diesen Wechsel an den Meeresgestaden. Das Wasser fällt und steigt – und die Ursache liegt nicht auf der Erde selbst, sondern in unserem ständigen kosmischen Begleiter, dem Mond, der mit seiner Schwerkraft das Wasser der Meere bewegt. Besonders beeindruckend zeigen sich die Gezeiten in unseren Breiten an der Nordsee in Form von Ebbe und Flut. Wer noch nie eine Watt-Wanderung mitgemacht hat, kann es sich nur schwerlich vorstellen, dass dieses Gebiet kurz vorher völlig mit Wasser bedeckt war und man sich nun sputen muss, um nicht von der bald einsetzenden Flut überrascht zu werden.

Unzeit

Die kleine Wörtchen-Vorsilbe „un" bedeutet in den meisten Fällen etwas Negatives. So steckt hinter dem Wort Un-Zeit stets ein Ereignis, das für den einzelnen Menschen, für eine Gruppe oder ein Land zum ungeeignetsten Zeitpunkt unerwartet auftritt. Es kann, einmal persönlich gesehen, ein Besuch sein, der dem Besuchten absolut nicht in dem Kram passt, da er eigentlich etwas völlig anderes geplant hatte. Es kann auch bei einem Land eintreten, das sich gerade in einer Phase der Erholung befindet, und plötzlich durch eine Pandemie oder eine Naturkatastrophe, mit denen man nicht gerechnet und nicht in seine Überlegungen einbezogen hatte, in menschliche und finanzielle Not gerät.

Zeit-Reisen

Ja, wer möchte das nicht, die Zeit zu überlisten und auf der Zeitachse in die Vergangenheit zu reisen oder noch interessanter, einen Blick in die Zukunft werfen!

Auf der einen Seite eigene Fehler oder ein Fehlverhalten in der Vergangenheit zu korrigieren. Auf der anderen Seite einen Einblick in die eigene Zukunft zu gewinnen, um sein eigenes Verhalten im Hier und Jetzt dementsprechend zu korrigieren und für die Zukunft dem Schicksal in die Karten zu schauen.

Das gütige oder böse Schicksal, wenn man es einmal personifizieren darf, hat hier einen unerbittlichen Riegel vorgeschoben. Auch Kartenlegen und Astrologie sind nur unvollkommene Helfershelfer!

Zeitpunkt

Präzision, Genauigkeit und Pünktlichkeit scheinen sich in diesem Wort wiederzuspiegeln. Keine längere Dauer auf der Zeitachse, nein, es soll genau fixiert werden. Man kann sich zu einem bestimmten Zeitpunkt verabreden, man stellt den Wecker, um zu einer gewünschten Uhrzeit geweckt zu werden oder man legt ein erstrebtes Ereignis auf just diese eine exakte Zeit.

Traumzeit

Es ist die hilflose Übersetzung eines Bewusstseins-Phänomens der Aborigines in Australien. Auf Grund der jahrtausende Jahre lang erfolgten Abgeschiedenheit von anderen Völkern, in einer kulturellen Isolation also, entstand bei ihnen eine völlig andere Art zu denken und zu fühlen, die wir mit unserer durch die Wissenschaft geprägten (oder deformierten) Denkweise nicht nachempfinden können. Die Aborigines können sich mental in eine Art Traumerleben hineinfinden und damit bewusstseinsmässig mit den Ahnen sowie mit Pflanzen und Tieren in Kontakt treten.

Teilzeit

Die Zeit als solche lässt sich nun mal nicht teilen, indem man ein Messer anlegt. Dieses Wort ist ein Begriff aus der modernen Arbeitswelt. Entweder sind es Firmen, deren Aufträge etwas weggebrochen sind, dass sie aus einer finanziellen Not heraus die Angestellten auf Teilzeit „schicken" oder es sind Arbeitnehmer, die aus familiären oder gesundheitlichen Gründen nicht den vollen Dienst wahrnehmen können.

Hoch-Zeit

Dieses Wort kann man beim Thema Zeit nicht ausklammern. Es hat sich etwas gewandelt. Im Gegensatz zu der leicht profanen Bedeutung der heutigen Zeit wies das Wort im Mittelhochdeutschen auf ein hohes kirchliches oder weltliches Fest hin, auf höchste Herrlichkeit oder höchste Freude.

Das soll aber die Freude von Menschen, von Mann und Frau, die sich das Ja-Wort fürs Leben gegeben haben, nicht schmälern oder gering einschätzen.

Zeit-Geist

Nach meiner Ansicht eine etwas verunglückte Bezeichnung, denn oft spiegelt sich dahinter etwas Oberflächliches wie eine bestimmte Mode oder eine bestimmte Denkrichtung. Nicht immer ist dabei der Zusatz Geist gerechtfertigt

Ur-Zeit

Es ist die Zeit vom Anfang der Welt, in der das Leben sich aus dem Meer kommend langsam den festen Erdboden eroberte und sich entfaltete.

Irgendwie scheint sich dieses Wort mehr auf Entwicklungsprozesse unserer Erde zu beziehen.

Frühzeit

Vergleicht man dieses Wort mit dem eben aufgeführten Wort Ur-Zeit, so ähneln sie sich ein wenig. Rein gefühlsmässig möchte man aber die Frühzeit, was die Erde anbetrifft, in eine etwas noch weiter zurückliegende Entwicklungsphase verlegen.

Man liest in Artikeln, die sich mit Astronomie befassen, von einer Frühzeit des Universums. Und wenn man nur genügend weit in der Zeit zurückgeht, landet man konsequent bei diesem geheimnisvollen Ereignis, das mangels trefflicherer Worte lapidar als Urknall bezeichnet wird.

Zeit-Wende

Kann man die Zeit so einfach wie eine Buchseite wenden? Wohl kaum! Denn dieses Wort hat ein wenig mehr Gehalt als so eine banale Tätigkeit. Es scheint eine umfassende Veränderung sämtlicher Prozesse zu sein, mit denen sich eine Zeit ausschmückt.

Zeit-Los

Glücklich scheint der oder die zu sein, die zeitlos leben kann - kein Stundenzeiger lässt den Puls schneller steigen. Diese Menschen können andere beruhigen oder auch nervös machen, eine gewisse Ambivalenz also steckt in diesem Zustand oder diesen Menschen.

Als zeitlos bezeichnet man manchmal auch die Frisur eines Menschen oder seine Kleidungsstücke . Nicht jeder muss oder mag sämtlichen modischen Schnickschnack mitmachen.

Auszeit, Halbzeit

Das sind vorrangig Begriffe aus der Sport-Welt

Geist

Der Geist ist willig, aber das Fleisch ist schwach
                                        Bibelwort

Mit dem Geist ist es wie mit dem Magen; man sollte ihm
nur Dinge zumuten, die er verdauen kann.
                                        Winston Churchill

Geist

Ein sehr schwieriges Wort. Niemand weiss im Grunde, was der Geist ist, mit dem sich so viele Menschen rühmen.

Er ist nicht gleichbedeutend mit Vernunft. Auch nicht mit der Seele, was immer das sein mag.

Und die so oft gestellte Frage: Wo sitzt der Geist im Menschen? Ist er ein Teil des Gehirns oder ist das Gehirn nur so eine Art Empfänger, dessen sich das so merkwürdige Phänomen Geist bedient?

Noch nie hat eine Pathologe bei seinen Untersuchungen ein Organ gefunden, von dem er sagen könnte: Heureka! Hier ist oder war es!

So führen wir ein Leben, ohne zu wissen, wie oder wo diese geheimnisvolle Steuerung (ich muss es einmal etwas hilflos so nennen) sich mit dem Menschen verbindet.

Es gibt so viele Fragen: Um nur drei anzuführen:

Ist der menschliche Geist ein Geschenk der Schöpfung, das ihn zur rechten Anwendung und Schätzung verpflichtet?

Ab welchem Alter kann man bei einem Kind von Geist sprechen?

Haben Tiere so etwas wie einen Geist oder sind sie „nur" instinktgesteuert?

Mag jeder, der diese Zeilen liest, sich über diese unvollständigen Gedanken sich seine eigenen machen.

Geistig

Um es in einem kurzen Satz auszudrücken: Es ist die Tätigkeit, die wir mit den grauen Zellen unseres Gehirns ausüben können oder sollten. Um was es sich dabei spezifisch handelt, kann an dieser Stelle nicht angegeben werden, dafür ist die Auswahl an Möglichkeiten einfach zu gross.

Geistlos

Wenn eben die ebengeschilderte Tätigkeit nicht stattfindet, in Äusserungen und Ausübungen kein Sinn zu erkennen ist. Mit diesem Wort straft man zumeist andere Mitmenschen ab, die man nicht versteht.

Geister

So lange es Menschen gibt, glaubten sie daran, dass es jenseits der Sichtbarkeit Wesen, oder was immer das sein mag, gibt oder geben kann, die ins Leben der Menschen eingreifen, die man besänftigen oder, um sie positiv zu stimmen, verehren oder ihnen opfern muss.

Geister müssen nicht unbedingt identisch mit Gespenstern sein, die in der Auffassung der Menschen meistens negative Auswirkungen wie Angst und Furcht ausstreuen.

Geister in Goethes Faust I

Im ersten Teil kommuniziert Faust mit auftretenden Geistern.

Faust: „Der du die weite Welt umschweifst, Geschäftiger Geist, wie nah fühl ich mich dir!"

Geist: „Du gleichst dem Geist, den du begreifst.

Nicht mir! Verschwinde!"

Faust (zusammenstürzend) „Nicht mir?

Wem denn?

Ich Ebenbild der Gottheit!"

Geistige Getränke

Etwas flapsig werden so im deutschen Sprachraum alkoholische Getränke bezeichnet. Ob sie, wenn sie genossen werden, immer dieser Formulierung gerecht werden, kann man getrost bezweifeln.

Ob in geringem Maße der menschliche Geist durch diesen Genuss beflügelt wird, kann auch nicht verallgemeinert werden.

Vergeistigt

So bezeichnet man oft in der Umgangsprache einen Menschen, der im Alltagsleben ein wenig befremdlich erscheint. Er (oder auch sie) ist in Gedanken stets woanders aber nicht bei den nahe liegenden Problemen.

Der Heilige Geist

Dieser Begriff ist aus unserer christlichen Lehre nicht wegzudenken.

Der

Weg

Der auf dem halben Wege umkehrt, irrt nur um die Hälfte
                                        Sprichwort

Kommunismus und Kapitalismus sind nur Wege, auf denen die
Menschen dazu gebracht werden, einander umzubringen
                            Bertrand Russel (brit. Philosoph)

Der Weg

Das kleine Wort „Weg" klingt erst einmal so unscheinbar. Nur ein Weg, keine Strasse oder gar eine Autobahn! Nur ein Pfad, den man zu Fuss durchgehen sollte!

Aber je länger man darüber nachdenkt und je mehr man, den Gedanken von der rein geografischen Bezeichnung löst, desto grösser wird die Bedeutung dieses kleinen Wörtchens, wie wir an Hand der nächsten Wörter sehen werden.

Heimweg

Dieses Wort an dieser Stelle hat natürlich einen Bezug zu dem bereits aufgeführten Wort „Heim".

Das Wort Heimweg wirkt ganz anders als das einfache Wort Rückkehr. Zurückkehren kann man von allen möglichen Veranstaltungen und Reisen, ob es unbedingt ein Heimweg ist, sei dahingestellt..

Umweg

Umwege gehören zum Leben dazu. Wer verzweifelt versucht, im Leben keine Umwege zu gehen, aus Furcht, er würde Zeit oder gar Geld verlieren, gehört im Grunde zu einer Gruppe von bedauernswerten oder farblosen Menschen, die einem grandiosen Irrtum aufgesessen sind.

Umwege sind auch Wege, die den Menschen durchaus etwas bieten können, die er bei einem schnurgeraden Leben verpasst hätte.

Weg-Zehrung

Ein herrlich altmodisches Wort, das sogar nicht mehr in unsere Zeit hineinpasst. Wenn überhaupt, dann pflegt man heutzutage von Reise-Proviant zu sprechen.

Und doch hat das Wort „Weg-Zehrung" auch so seine Reize.

Zum einen steckt natürlich das Wort „verzehren" mit drin, eben das, was man für seine Kraftanstrengung bei einer Reise an Nahrung verbraucht. Zum anderen zeigt uns das reine Wort „zehren" auf, dass jede Reise, besonders wenn sie anstrengend ist, auch an den Körperkräften *zehrt*, also Energie und Kraft kostet.

Weg-Losigkeit

Es muss nicht immer eine realer Weg sein, auf den diese Formulierung passt. Wenn wir die Bezeichnung Lebensweg (s. später) wieder aufgreifen, dann kann es sich dabei durchaus um eine psychische Situation handeln, in der der oder die Betroffene keinen Ausweg aus seiner verfahrenen Lage sieht. Dann kann man das Wort zur Auswegslosigkeit erweitern.

Wege-Gabelung

Rein geografisch ist eine Wege-Gabelung nichts Aussergewöhnliches. Eine Gerade mündet an eine Stelle, von der zwei weitere Strassen oder Wege weiterführen. Wenn man weiss, wohin man möchte und zudem noch beschriftete Weg-Weiser vorhanden sind, stellt eine Wege-Gabelung kein Problem für den Wanderer dar.

Schwierig ist eine solche Gabelung nur dann, wenn man nicht weiss, wohin die Fortsetzungen führen und man sich für eine entscheiden muss, um weiter zu kommen. Dann kommen gegebenenfalls die Wörter „Umweg" und „Rückweg" in das Gedankenspiel hinein.

Im übertragenen Sinn, also nicht rein geografisch, stehen wir Menschen oft an Gabelungs-Stellen in unserem Leben, wo es gilt, sich auf dem Lebensweg bei der Suche für eine Richtung zu entscheiden. Das Schicksal hat es so eingerichtet, dass eine Zwei-Gleisigkeit immer ein fauler Kompromiss ist und so etwas wie Feigheit, Unentschlossenheit und Verzagtheit beinhaltet. Von mancher Seite aus sagt man, das Irren ist ein Teil des Lebens – man kann scheitern. Wir bewundern stets die Menschen, die ein Ziel haben und sich ungeachtet von Misserfolgen von diesem gesetzten Ziel nicht abbringen lassen. Ja, sogar im Scheitern so etwas wie Optimismus an den Tag legen.

Ein gutes Beispiel war für mich Elon Musk, der mit seinen Tesla-Autos der Konkurrenz gezeigt hat, wie die Zukunft aussieht. Als neulich eine grosse Rakete, mit der er später mal zum Mars aufbrechen möchte, bei der Landung explodierte, sagte er nur: „Die Rakete war zu schnell", danach meinte er kurz und bündig „Wir haben jetzt genügend Daten gesammelt, die wir brauchen"!". Und zum Schluss fügte er noch hinzu: „Mars, wir kommen!"

Ein anderes Beispiel, bei dem Misserfolg in Frohsinn gewandelt wird, zeigt der Schluss in einem meiner Lieblingsfilme „Alexis Zorbas". Mit viel Mühe und dem Geld seines amerikanischen Gönners hatte er eine Beförderungsanlage für Baumstämme bauen lassen. Beim ersten Versuch brach alles zusammen. Sinngemäss sagt er dann zu seinem Gönner. „Chef, hast du schon einmal einen so schönen Zusammenbruch erlebt!?"

Weg-Weiser

War man früher in unbekannten Gegenden unterwegs, so war man froh, hin und wieder durch einen Wegweiser auf das gewünschte oder gesuchte Ziel hingewiesen zu werden, um nicht, wie das nächste Wort besagt, auf einem Irrweg zu landen.

Irr-Weg

Dieses Wort folgt auf das Wort von der Wege-Gabelung. Niemand kann am Beginn eines Weges, den man vielleicht mit Begeisterung an einer Weggabelung einschlägt, wissen oder ahnen, dass es sich um einen Irr-Weg handelt, der ihn in die Irre, in die Verzweiflung oder in die Ausweglosigkeit führt.

Wer einen falschen Weg einschlägt, kann sich verirren.

Aus der griechischen Mythologie ist das Labyrinth des Königs Minos von Kreta bekannt, das von dem berühmten Baumeister Daidalos, dem Vater von Ikaros, erbaut wurde. Hier hielt Minos den Minotauros gefangen, ein Zwitter zwischen Mensch und Stier.

Theseus, der Königssohn von Athen wollte die Menschen von diesem Untier befreien. Er hätte aber den Rückweg nach dem Sieg über den Minotauros aus diesem Irrgarten, dem Labyrinth (das Wort stammt offenbar aus dem Kretisch-Minoischen) nicht gefunden. Hier half ihm der berühmte Faden der Ariadne, der Tochter von Minos, den er beim Eintreten gelegt hatte, um sich nicht in dem Labyrinth zu verirren.

Jedoch, die Fügung hat es so eingerichtet, dass nicht jeder, der sich auf einem Irrweg befindet, auf die Hilfe einen fadenbewaffneten Königstochter hoffen oder rechnen kann.

Lebensweg

Es spricht für sich, dass man das Leben mit einem Weg vergleicht und nicht mit einer Strasse oder Autobahn, das wäre fast trivial.

Ein Weg kann oft beschwerlich zu meistern oder beschaulich sein, er kann steil sein oder bergab gehen. Ein Weg kann über Hindernisse gehen, man muss eventuell einen Bach oder einen Fluss überqueren.

Lässt man seine Gedanken ins Mittelalter schweifen, dann tauchen die Wege-Lagerer auf (heute haben sie meist Schlips und Kragen!).

Ein Weg lädt nicht zum Hasten ein (sollte er zumindest nicht!), sondern verführt oft zum Innehalten und zum Schauen.

Die vielen Lieder, die das Thema Wandern preisen, können dazu ein gutes Beispiel sein.

Goethe meinst zu diesem Thema: Auch aus den Steinen, die in den Weg gelegt werden, kann man Schönes bauen.

Wegwarte

Manch andere Pflanze trägt sicher auch das Wörtchen „Weg" in ihrem Namen. Bei dieser Pflanze, der Wegwarte, finde ich es besonders trefflich.

Ihr lateinischer Name, so wie er bei homöopathischer Verwendung gebräuchlich ist, ist Cichorium intypus. Die homöopathische Urtinktur wird aus der frischen Wurzel bereitet.

Im Sommer von Juli bis September sieht man die Pflanze tagsüber überall an den Strassenrändern mit ihren herrlich blauen sternförmigen Blüten. Es scheint manchmal, als würde sie den Abgasen des Autoverkehrs mutig trotzen. In der Vase verblüht sie sehr schnell.

Ein anderer Name ist Zichorie. Den Deutschen besonders gut bekannt, als es in der Zeit direkt nach dem Krieg keinen „Bohnen"-Kaffee gab. Die geröstete Wurzel wurde für den Kaffee-Ersatz verarbeitet. Namen wie Effka und Kathreiner sind sicher noch vielen älteren Bundesbürgern bekannt.

Bei dieser Pflanze fiel es mir besonders auf. Woher kommen die Namen der Pflanzen? Irgendjemand muss ihnen ja einmal diesen Namen gegeben haben. Diese Namensgebung entstand mehr aus dem Bauch heraus, aus

Beobachtung und Intuition. Und so kann man sich den deutschen Namen wesentlich besser merken als den lateinischen Namen.

Rückweg

Dieses Wort muss nicht zwingend etwas Negatives beinhalten, also kann man es nicht gedankenmässig nur mit einer Enttäuschung oder einer falschen Entscheidung verbinden. Einem Rückweg geht stets ein Hinweg voraus, sonst könnte man ja nicht zurückkehren.

Also kann der Rückweg durchaus die Folge eines positiven Erlebnisses, einer Wanderung, eines Urlaubs oder gar, ganz banal betrachtet, die Rückkehr nach einem feucht-fröhlichen Abend.

Manchmal kann ein Rückweg auch eine sinnvolle Entscheidung sein, wenn ein Weitermarschieren mit Barrieren und Schwierigkeiten verknüpft ist, die man nicht überwinden kann..

Das Wort „Weg" im Neuen Testament

Die wohl innigste, bedeutendeste und tiefsinnigste Beziehung finden wir im Johannes-Evangelium.

Jesus sprach: „Und wo ich hingehe, den Weg wisst ihr..."

Darauf Thomas: „Herr, wir wissen nicht, wo du hingehst; wie können wir den Weg wissen?"

Jesus spricht zu ihm: **„Ich bin der Weg, die Wahrheit und das Leben. Niemand kommt zum Vater denn durch mich."**

Deutsche Sprache und menschlicher Körper

Die meisten Deutschen machen sich keine Gedanken, wie beides miteinander verknüpft und verwoben ist: Viele Wörter und der menschliche Körper haben im Lauf der Sprachentwicklung, in diesem Fall der deutschen Sprache, einen Bezug zueinander gefunden, der vordergründig nicht immer spontan ersichtlich ist.

Aus der Hand kann man das Wort „Handeln" ableiten. Kam früher ein Handelsvertrag zustande, so gab man sich die Hand oder schlug in die Hand des Partners ein. Zugleich hat die Hand auf dieser Ebene etwas mit aktiv sein zu tun.

Im medizinischen Bereich hat sich daraus das Wort „Behandeln" entwickelt. Man legte dem Kranken die Hand auf. Eine Art von Behandlung, die heutzutage im Zeitalter der vielen Geräte aus der Mode gekommen ist.

Das Wort „be-greifen", also mit den Händen etwas anfassen, zu erfassen und dadurch besser zu verstehen, hat ebenfalls ein Bezug zum Thema Hand.

Ob das Plural-Wort „Händel" ebenfalls diesen Ursprung hat? Darüber ist man sich nicht ganz im Klaren, aber ich könnte es mir durchaus vorstellen, denn früher nahm man Waffen in die Hände, um einen Streit auszufechten.

Die Füße spielen ebenfalls eine eminent wichtige Rolle bei diesen Betrachtungen. Wir stehen auf den Füßen und können damit einen Standpunkt einnehmen. Hat man einen festen Stand, dann kann man alles besser *ver-stehen*.

Auch das Wort *bestehen* kann in diesem Zusammenhang erwähnt werden, wenn man sich zum Beispiel einer Prüfung unterzogen hat. Vielleicht mussten früher die Prüflinge devot vor den Prüfenden stehen.

Aber das ist noch nicht alles. Die Füße müssen nicht nur für stationäre Zwecke dienen. Man kann sich damit auch *bewegen*, das heisst fortschreiten und damit sind wir beim Thema Fortschritt. Über dieses Wort könnte man ausführlich reflektieren, denn dazu gibt es durchaus diametral ausgeprägte Ansichten. Von was schreitet man fort oder wohin schreitet man eigentlich fort, um nur ein Beispiel zu nennen?

Ruft man sich einmal diese Erkenntnisse und Zusammenhänge ins Gedächtnis, dann versteht man, wie wichtig es ist, diese Organe besser zu behandeln und zu pflegen.

Eine etwas provokative Frage sei erlaubt: Erkennen die meisten Menschen auch die Wichtigkeit der Füße, nicht nur als Fortbewegungsmittel, sondern auch die übertragene Bedeutung?

Obwohl es eigentlich nicht zu dieser Ausführung passt, soll es für Interessierte kurz angeschnitten werden: An Händen und Füßen enden gemäß der chinesischen Akupunktur-Philosophie wichtige Meridiane (Energie-Leit-Gefässe). An den Händen sind es unter anderem Darm, Herz und Lunge. An den Füßen sind es, um nur einige zu erwähnen, Leber, Magen und Nieren.

Habseligkeiten

Der folgende Artikel von mir erschien vor längerer Zeit in der Zeitschrift „CoMed" am Ende eines Jahres.

Da er irgendwie in dieses Buch passt, habe ich ihn als Abschluss übernommen.

Gedanken zum Jahresende

Die deutsche Sprache hat eine Unzahl von Wörtern, die sich nicht oder nur unter großen semantischen „Verrenkungen" in eine andere Sprache übertragen lassen. Sicher ist es in anderen Sprachen ähnlich. So wurde in diesem Jahr das schönste deutsche Wort gesucht. Aus 22.838 Einsendungen, davon 65 Prozent weibliche Absender, wählte ein Gremium das Wort „Habseligkeiten" aus. Als zweites Wort ging „Geborgenheit" aus dem Wettstreit hervor, gefolgt von „lieben" und „Augenblick". Wie der Leser nur unschwer erkennen kann, haben sämtliche Wörter eine irgendwie emotionale Ansprache. Sicherlich könnte man über alle Wörter reflektieren. In dieser Abhandlung wollen wir uns aber auf das Siegeswort beschränken, weil es gerade in diese Jahreszeit mit seinen frühen dunklen Abenden passt. Und zudem steht das Weihnachtsfest vor der Tür.

Es ist ein Wort voller Doppel- und Tiefsinnigkeit, in dem irgendwie ein Charme steckt, ein zu Herzen gehendes Anklingen, es erweckt in all den Menschen, die das Gefühl für unsere Muttersprache trotz der oberflächlichen Kontaktmöglichkeiten wie SMS, WhatsApp. oder E-Mail noch nicht verloren haben, ein Mitschwingen tieferer Schichten, das man spontan logisch erst einmal nicht begründen kann.

Zudem vermeint man oberflächlich fast eine Unvereinbarkeit beider Wortteile zu verspüren. Es vereint prima vista die beiden Wörter „Haben" und „Selig-Sein", es klingt nach Besitz und kann es wiederum nicht sein, da Selig-Sein offenbar das Streben nach unbedingtem Besitzen-Wollen bzw. die Jagd nach materiellem Besitz auszuschließen scheint. Man denke an das Neue Testament, in dem Jesus sagt: Eher geht ein Kamel durch ein Nadelöhr, als dass ein Reicher in den Himmel kommt.

Aber: Etymologisch jedoch hat der zweite Wortteil „selig" nichts mit Seligkeit zu tun, sondern stammt aus der Wurzel „...sal", wie wir sie in

vielen deutschen Wörtern finden. Man denke an Schicksal, Trübsal, Rühr-
sal, Mühsal. Auch das heute nur in der Mehrzahl verwendete Wort Habseligkeiten hatte früher bis zum 18. Jahrhundert ein Singular Habsal, das
aber aus unserer Sprache entschwunden ist. Die beiden deutschen Stan-
dardwerke für die Etymologie, der Duden und der Mackensen, halten sich
mit der Deutung der Silbe „...sal" etwas bedeckt, so dass wir auf die mehr
esoterische Deutung zurückgreifen müssen. Demzufolge steckt darin das
lateinische Wort „salus" – Heil, Gesundheit, Wohlergehen. Daraus ergibt
sich die Interpretation: Alles, was man an Besitz hat, soll zum eigenen
Wohlergehen verwendet werden, wobei hier wohl das Augenmerk nicht
auf das rein körperliche Heil, sondern mehr auf das Seelenheil gerichtet
werden soll.

Ähnlich sind auch die oben aufgeführten Wörter zu deuten: Schicksal –
das zum Heil geschickte, wo doch gerade die meisten Menschen diesem
„Geschickten" eine negative Bewertung zukommen lassen. Motto: Warum
gerade ich? Warum nicht ein anderer? Jenseits dieser etwas nüchtern er-
scheinenden Definitionsversuche hat das Wort, um das es in dieser Betrachtung geht, aber etwas Rührendes an sich. Man verknüpft es im
Inneren mit dem Wort „Armselig", also einem Wenig an Hab und Gut.

In unserer Zeit der Überflussgesellschaft können sich die meisten jün-
geren Menschen mit einem solchen Wort kaum noch anfreunden oder finden keinen Zugang zu ihm. Ältere Menschen, die die Zeit der Not und
der bitteren Armut nach dem Krieg noch bewusst erlebt haben, empfinden
bei dem Wort Habseligkeiten ganz anders.

Vor einiger Zeit unterhielt ich mich mit einer bewundernswert rüstigen
älteren deutschen Dame des Jahrgangs 1928, in deren Haus in Florida wir
einen Abend zu Gast waren, über das Thema „Habseligkeiten". In ihr stiegen sofort die Bilder der Vergangenheit auf: Das Nahen der russischen
Truppen an ihre ostpreußische Heimat, dann die Flucht – gerade einmal
mit dem Lebensnotwendigsten versehen, eben dem, das man mit seinen
Händen fassen und tragen bzw. am Körper haben konnte. Den Habseligkeiten also.

Sogleich stiegen auch in mir die Kindheitsbilder wieder auf: Januar 1945
im Winter bei Temperaturen unter minus 10 Grad, als Kind, das die Zusammenhänge nicht begriff, auf der Flucht vor den Russen aus Breslau

ins Riesengebirge, da Breslau zur Festungsstadt erklärt wurde und Frauen und Kinder die Stadt verlassen sollten. Zu Fuß! 150 Kilometer! Das ganze Hab und Gut auf einem kleinen Handwagen verstaut. Mutter und Großmutter zogen vorn, und ich musste hinten schieben. Sämtliche Habseligkeiten auf einem Wägelchen untergebracht.

Und gerade 18 Monate später im Jahr 1946 noch einmal das Zusammenraffen sämtlicher Habseligkeiten – ausgewiesen aus der alten Heimat, in die wir nach Kriegsende zurückgekehrt waren, in Viehwaggons mit dem Notdürftigsten ausgestattet, mit dem, was man tragen konnte – ab in den Westen als Flüchtling.

So mag sicher jeder bei dem Wort „Habseligkeiten" seine eigenen Assoziationen entfalten. Wie aber oben schon angedeutet: In der christlichen Mythologie und Literatur tritt der Aspekt der Habseligkeiten in Form von Armut immer wieder auf. Man denke an Franz von Assisi, der wohl nirgendwo besser dargestellt wird als in dem Buch des griechischen Schriftstellers Nikos Kazantzakis „Mein Franz von Assisi".

Wenn schon dieser Dichter erwähnt wird, so möchte ich den geneigten Leser auf eines der großartigsten Werke von Kazantzakis verweisen: „Die Griechische Passion". Hier trifft eine Schar von vertriebenen Griechen mit ihren wahrhaft geringen Habseligkeiten auf ein Dorf voller wohlhabender Menschen. Daraus ergibt sich eine Reihe von unschön anmutenden Szenen.

Und somit sind wir auch bei dem hier gezeigten Bild von Albrecht Dürer, das in unsere Nachweihnachtszeit passt: Maria und Josef mit dem Christuskind auf der Flucht nach Ägypten vor den Schergen des Königs Herodes. Auch sie hatten wohl kaum mehr bei sich als ihre Habseligkeiten.

Übrigens: Ein Kompliment derjenigen Dame, die dieses Wort als schönstes Wort zum „Wettbewerb" eingereicht hatte. Man kann darüber sinnieren, meditieren und nachdenken. Wahrlich ein herrliches Wort!

Nach-Wort oder Nach-Wörter

Verehrte Leser, die Sie dieses Büchlein in den Händen halten oder es sogar durchblättert oder gelesen haben, Sie werden vielleicht sagen: Nur vier Wörter und dafür ein ganzes Buch!

Nun, wie schon einmal in diesem Buch erwähnt: Nicht immer macht es die Masse!

Beim Schreiben des Buches fielen mir noch einige Wörter ein, die einer Ausschmückung würdig gewesen wären. Vielleicht ein andermal oder in einem anderen Buch.

Mir geht es einfach darum, Ihre Aufmerksamkeit auf so etwas Banales oder Profanes zulenken, wie es die Wörter primär darzustellen scheinen.

Beginnt man aber seine Phantasie spielen zu lassen, von der ich hoffe, dass sie auch in Ihnen innewohnt, oder dem Geist Entfaltungsmöglichkeiten zu geben, dann kann man in jedem Wort viel mehr auffinden als es bei oberflächlicher Betrachtung scheint.

Daher wünsche ich Ihnen, suchen Sie sich einige Wörter in unserer deutschen Sprache, die bei Ihnen eine Anregung finden oder einen Nachhall hinterlassen haben.

Literatur

Bamm, P.; Adam und der Affe, Essays; DVA, 1969

Bodmer, F.; Die Sprachen der Welt, Geschichte, Grammatik, Wortschatz in vergleichender Darstellung; Manfred Pawlak, Herrsching, 1989, als Lizenzausgabe von Kiepenheuer & Witsch, Köln

Dethlefsen, Th.; Das Wort ward Fleisch; Hörkassette, Hermetische Truhe, München, 1988

Duden; Herkunftswörterbuch

Mackensen; Ursprung der Wörter, VMA, Wiesbaden

Volkmer, D.; Viertausend Kilometer Einsamkeit, Rapa Nui, Osterinsel, Books on Demand,

Volkmer, D.; Tagebücher vom Nil; Echnaton, Nofretete, Theje. Books on Demand

Volkmer, D.; Hatschepsut, Tagebuch einer Pharaonin, Books on Demand

Wadler, A.; Der Turm von Babel, Urgemeinschaft der Sprachen; Four rier, Wiesbaden

Woltersdorf, H.W.; Die Lösung der Sieben Welträtsel; Das Ende des wissenschaftlichen Materialismus, Argo-Verlag; 2006

Weitere Literatur des Autors

Der Erste Messias?
Bildnis eines zu früh Geborenen

Verlag Books on Demand

Näheres unter
www.literatur.drvolkmer.de

Die Schöpfung
Mythen und Erzählungen

Verlag Books on Demand

Näheres unter
www.literatur.drvolkmer.de

Weitere Literatur des Autors

Viertausend Kilometer Einsamkeit

Osterinsel, Rapa Nui

Verlag Books on Demand

Näheres unter www.literatur.drvolkmer.de

Hiob

Vom Leiden eines Menschen

Verlag Books on Demand

Näheres unter www.literatur.drvolkmer.de

Weitere Literatur des Autors

Tagebücher vom Nil

Echnaton, Nofretete, Teje

Verlag Books on Demand

Näheres unter
www.literatur.drvolkmer.de

Alexander und Aristoteles

Eine späte (fiktive)
Begegnung

Verlag Books on Demand

Näheres unter
www.literatur.drvolkmer.de

Gefangene der Zeit

Betrachtungen eines „Insassen"

Verlag Books on Demand

Näheres unter
www.literatur.drvolkmer.de

Hatschepsut

Tagebuch einer Pharaonin

Verlag Books on Demand

Näheres unter
www.literatur.drvolkmer.de

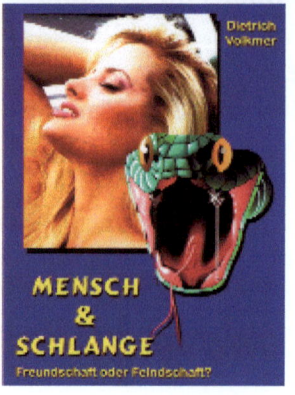

Mensch und Schlange

Freundschaft oder Feindschaft?

Verlag Books on Demand

Näheres unter
www.literatur.drvolkmer.de